Impressum
Verlag: BABADADA GmbH, Nedderfeld 112 , 22529 Hamburg
Geschäftsführer / Verlagsleitung: Harald Hof
Druck: Books on Demand GmbH, In de Tarpen 42, 22848 Norderstedt

Imprint
Publisher: BABADADA GmbH, Nedderfeld 112 , 22529 Hamburg, Germany
Managing Director / Publishing direction: Harald Hof
Print: Books on Demand GmbH, In de Tarpen 42, 22848 Norderstedt

škola

okul

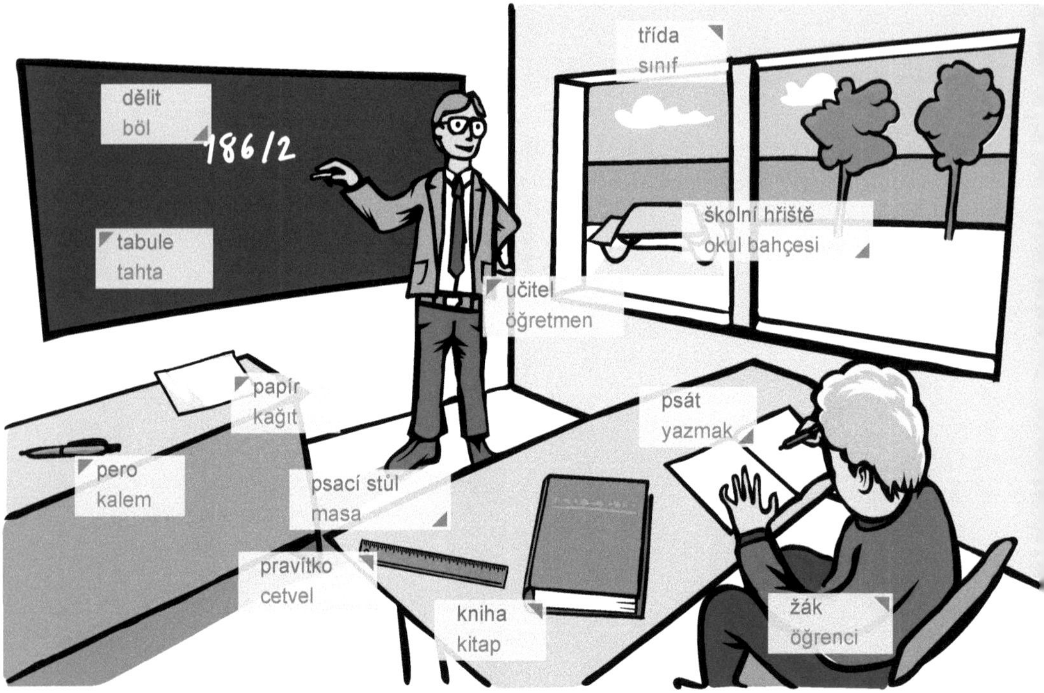

třída
sınıf
dělit
böl
186/2
tabule
tahta
školní hřiště
okul bahçesi
učitel
öğretmen
papír
kağıt
psát
yazmak
pero
kalem
psací stůl
masa
pravítko
cetvel
kniha
kitap
žák
öğrenci

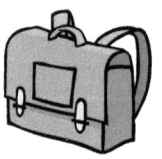

aktovka

okul çantası

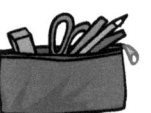

penál

kalemlik

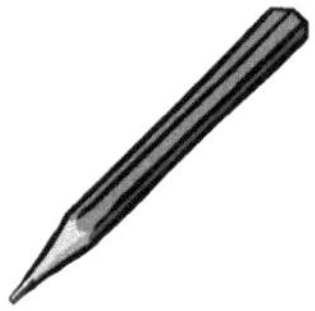

tužka

kurşun kalem

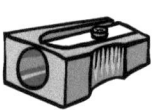

ořezávátko

kalem açacağı

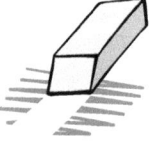

guma

silgi

blok na kreslení

çizim defteri

výkres

çizim

štětec

resim fırçası

malířské potřeby

boya kutusu

nůžky

makas

lepidlo

tutkal

cvičebnice

alıştırma kitabı

domácí úkol

ödev

počet

sayı

sčítat

ekle

odčítat

çıkar

násobit

çarp

počítat

hesapla

písmeno

harf

ABCDEFG
HIJKLMN
OPQRSTU
VWXYZ

abeceda

alfabe

hello

slovo

kelime

text

metin

číst

okumak

křída

tebeşir

hodina

ders

třídní kniha

kayıt

zkouška

sınav

vysvědčení

sertifika

školní uniforma

okul forması

vzdělání

eğitim

encyklopedie

ansiklopedi

univerzita

üniversite

mikroskop

mikroskop

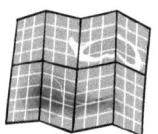

karta

harita

odpadkový koš na papír

kağıt çöp kutusu

cesta
seyahat

hotel
otel
Grand
ubytovna
pansiyon
ROOMS
EXCHANGE
směnárna
döviz bürosu
kufr
bavul
auto
otomobil

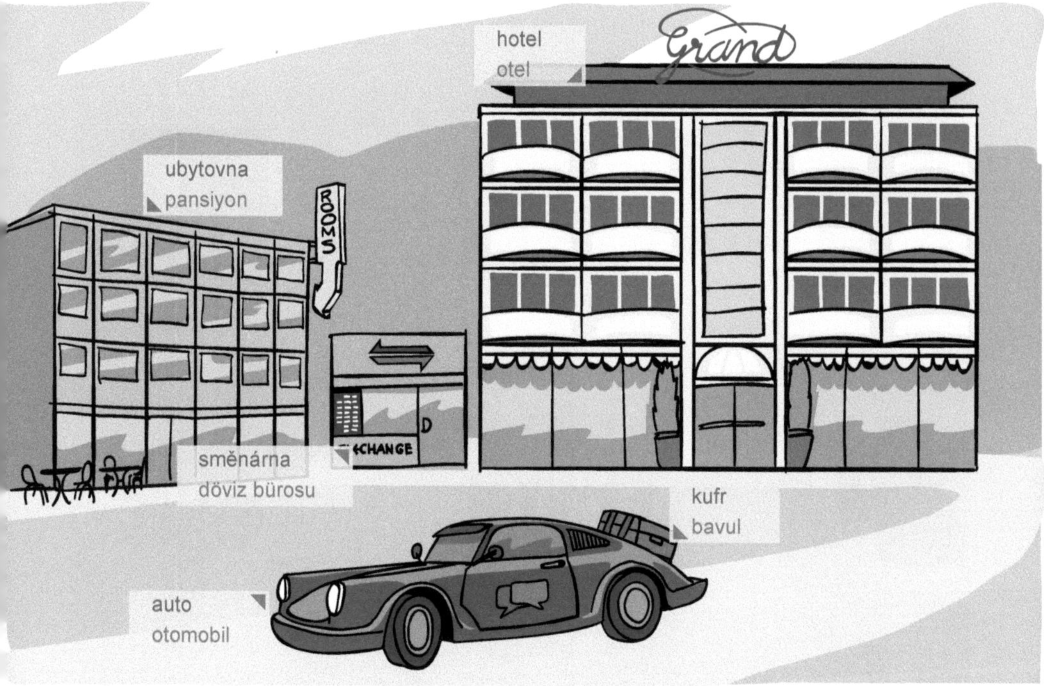

jazyk
dil

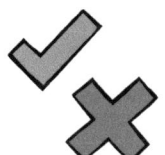

ano / ne
evet / hayır

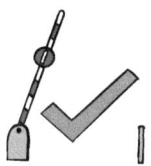

oukej
Tamam

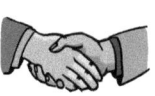

Ahoj!
merhaba

překladatel
çevirmen

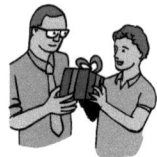

děkuji
Teşekkür ederim

Kolik stojí...?

bu ... ne kadar?

nerozumím

anlamadım

problém

problem

Dobrý večer!

İyi akşamlar!

Dobré ráno!

Günaydın!

Dobrou noc!

İyi geceler!

na shledanou

güle güle

směr

yön

zavazadlo

bagaj

taška

çanta

batoh

sırt çantası

host

misafir

pokoj

oda

spací pytel

uyku tulumu

stan

çadır

cesta - seyahat

turistické informace	pláž	kreditní karta
turist danışma	sahil	kredi kartı

snídaně	oběd	večeře
kahvaltı	öğle yemeği	akşam yemeği

jízdenka	výtah	poštovní známka
Bilet	asansör	pul

hranice	clo	poselství
sınır	gümrük	elçilik

vízum	pas	
vize	pasaport	

transport
ulaşım

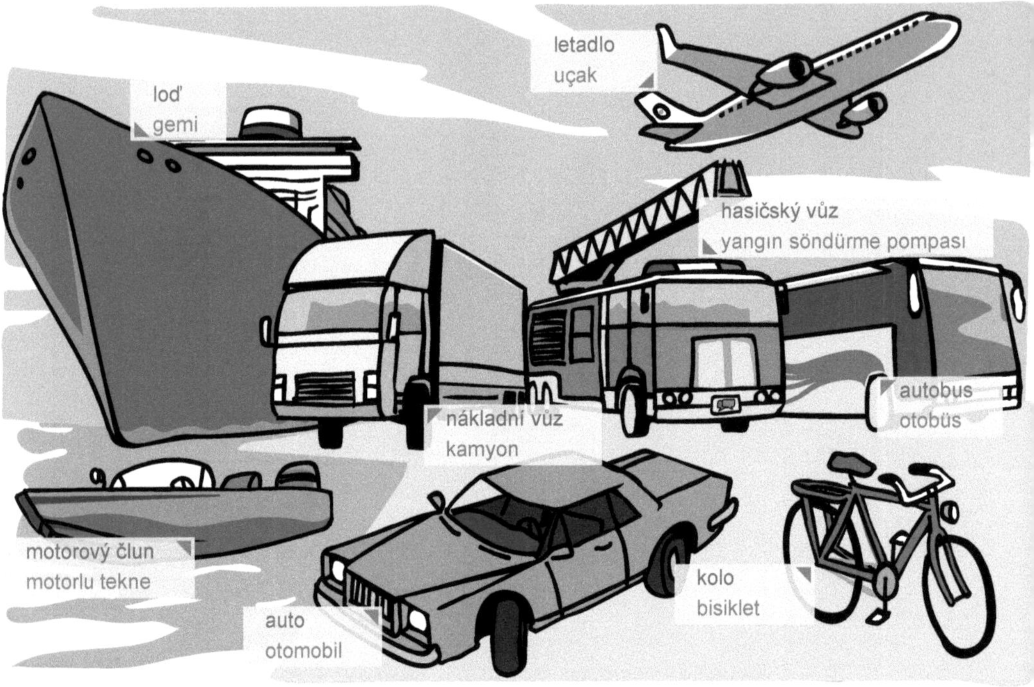
letadlo
uçak
loď
gemi
hasičský vůz
yangın söndürme pompası
autobus
otobüs
nákladní vůz
kamyon
motorový člun
motorlu tekne
kolo
bisiklet
auto
otomobil

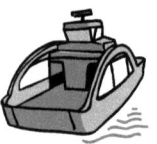

přívoz

feribot

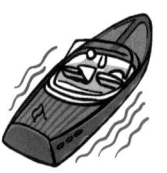

člun

bot

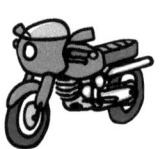

motorka

motosiklet

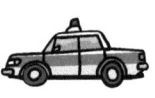

policejní auto

polis arabası

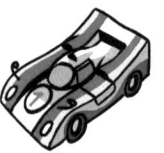

závodní auto

yarış arabası

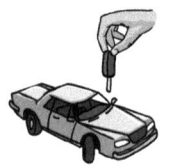

pronajaté auto

kiralık araba

sdílení aut

ortak araba

odtahová služba

çekici

popelářský vůz

çöp kamyonu

motor

motor

palivo

yakıt

čerpací stanice

benzinlik

dopravní značka

trafik işareti

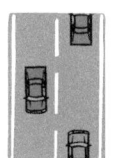

doprava

trafik

dopravní zácpa

trafik sıkışıklığı

parkoviště

otopark

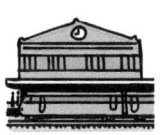

vlakové nádraží

tren istasyonu

koleje

ray

vlak

tren

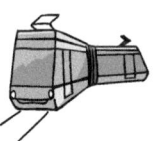

tramvaj

tramvay

vagón

vagon

helikoptéra

helikopter

letiště

havaalanı

věž

kule

pasažér

yolcu

kontejner

konteyner

kartón

koli

trakař

yük arabası

koš

sepet

vzlétnout / přistát

kalkış / iniş

město

şehir

vesnice

köy

střed města

şehir merkezi

dům

ev

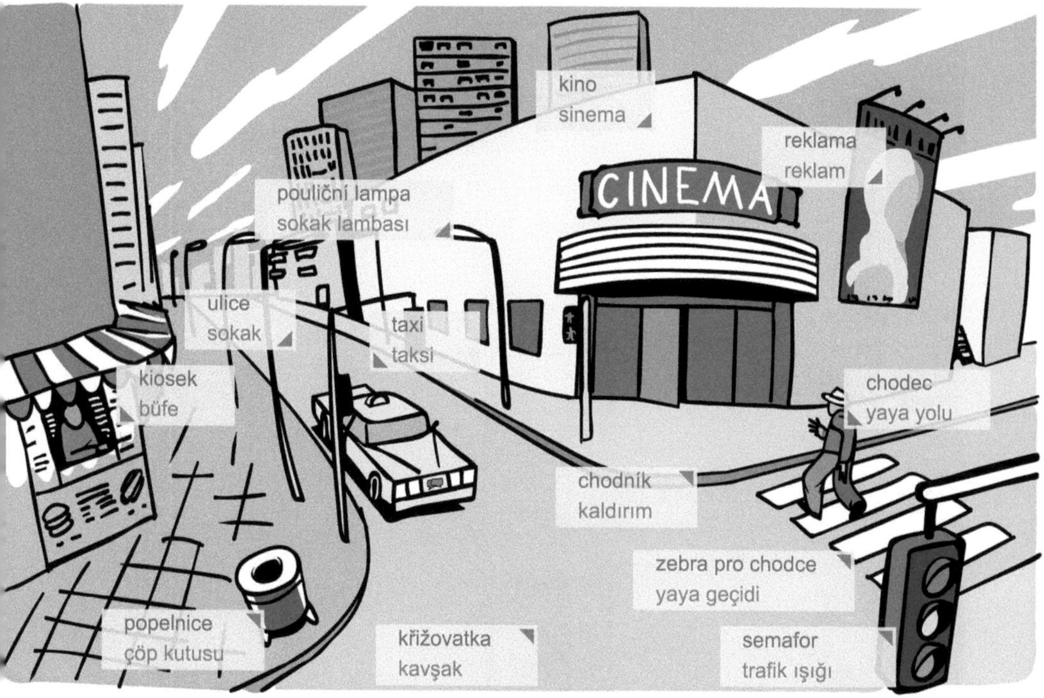

kino / sinema

reklama / reklam

pouliční lampa / sokak lambası

ulice / sokak

taxi / taksi

kiosek / büfe

chodec / yaya yolu

chodník / kaldırım

zebra pro chodce / yaya geçidi

popelnice / çöp kutusu

křižovatka / kavşak

semafor / trafik ışığı

chata
kulübe

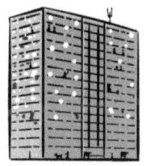

byt
apartman dairesi

vlakové nádraží
tren istasyonu

radnice
belediye binası

muzeum
müze

škola
okul

město - şehir

univerzita

üniversite

banka

banka

nemocnice

hastane

hotel

otel

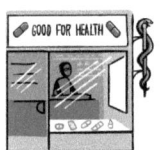

lékárna

eczane

kancelář

ofis

knihkupectví

kitapçı

obchod

mağaza

květinářství

çiçekçi

supermarket

süpermarket

tržnice

market

obchodní dům

büyük mağaza

rybárna

balık satıcısı

nákupní centrum

alışveriş merkezi

přístav

liman

park
park

lavička
bank

most
köprü

schody
merdiven

metro
metro

tunel
tünel

autobusová zastávka
otobüs durağı

bar
bar

restaurace
restoran

poštovní schránka
posta kutusu

pouliční tabule
sokak tabelası

parkovací hodiny
otopark sayacı

zoo
hayvanat bahçesi

plovárna
yüzme havuzu

mešita
cami

usedlost
çiftlik

znečišťování životního prostředí
kirlilik

hřbitov
mezarlık

církev
kilise

hřiště
oyun alanı

chrám
tapınak

krajina
arazi

list
yaprak

rozcestník
yön tabelası

cesta
yol

louka
çayır

kámen
taş

strom
ağaç

turista
yürüyüşçü

řeka
ırmak

tráva
çimen

květina
çiçek

údolí
vadi

hora
tepe

jezero
göl

les
orman

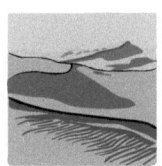

poušť
çöl

sopka
volkan

zámek
kale

duha
gökkuşağı

houba
mantar

palma
palmiye

komár
sivrisinek

moucha
sinek

mravenec
karınca

včela
arı

pavouk
örümcek

brouk

böcek

žába

kurbağa

veverka

sincap

ježek

kirpi

zajíc

yabani tavşan

sova

baykuş

pták

kuş

labuť

kuğu

divoké prase

yaban domuzu

jelen

geyik

los

geyik

přehrada

baraj

větrné kolo

rüzgar türbini

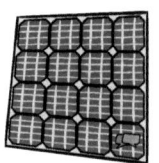

solární panel

güneş paneli

podnebí

iklim

restaurace
restoran

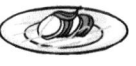

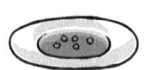

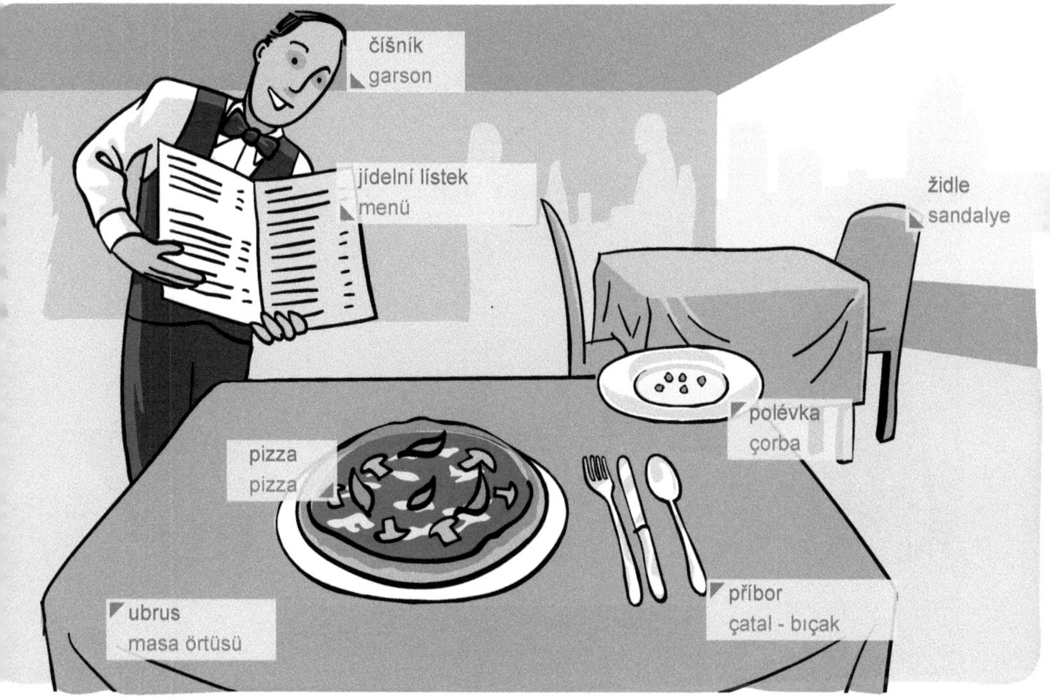
číšník
garson
jídelní lístek
menü
židle
sandalye
polévka
çorba
pizza
pizza
ubrus
masa örtüsü
příbor
çatal - bıçak

předkrm

başlangıç

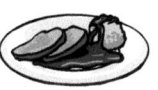

hlavní chod

ana yemek

dezert

tatlı

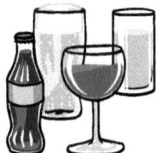

nápoje

içecekler

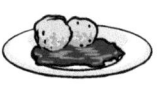

jídlo

yemek

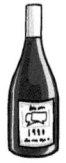

láhev

şişe

rychlé občerstvení

fastfood

pouliční občerstvení

sokak yemeği

čajová konvice

çaydanlık

cukřenka

şekerlik

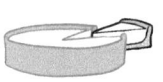

porce

porsiyon

kávovar na espresso

espresso makinesi

dětská stolička

mama sandalyesi

faktura

fatura

tác

tepsi

nůž

bıçak

vidlička

çatal

lžíce

kaşık

čajová lyžička

çay kaşığı

ubrousek

servis peçetesi

sklenička

bardak

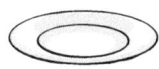

talíř
tabak

talíř na polévku
çorba kasesi

podšálek
fincan altlığı

omáčka
sos

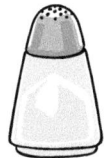

slánka
tuzluk

mlýnek na pepř
karabiber değirmeni

ocet
sirke

olej
yağ

koření
baharat

kečup
ketçap

hořčice
hardal

majonéza
mayonez

supermarket
süpermarket

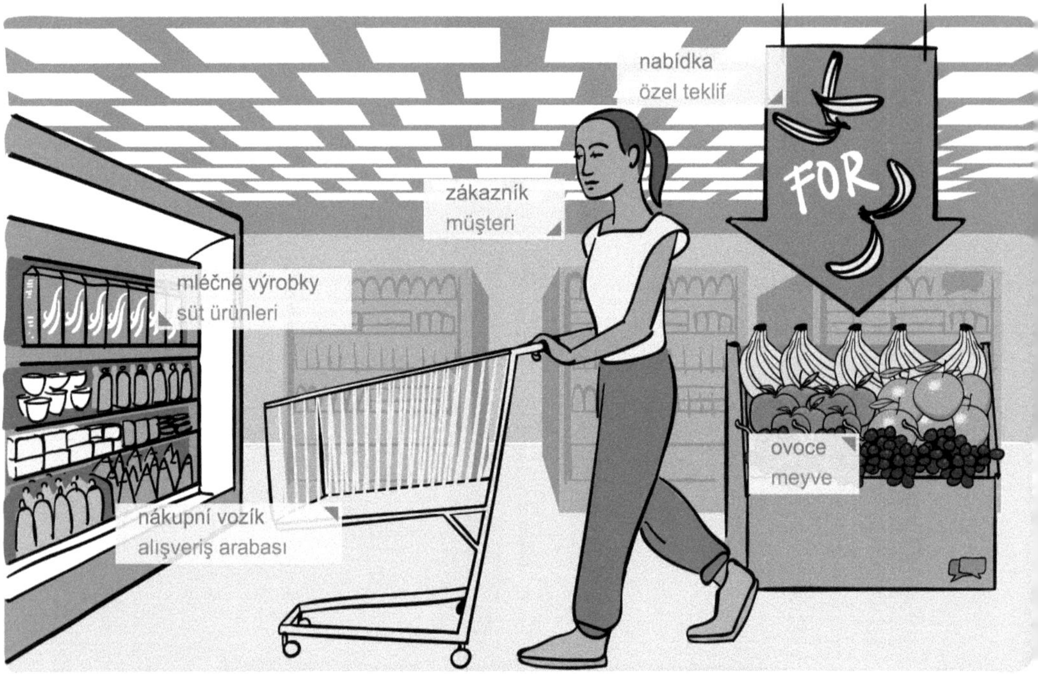

nabídka
özel teklif
FOR
zákazník
müşteri
mléčné výrobky
süt ürünleri
ovoce
meyve
nákupní vozík
alışveriş arabası

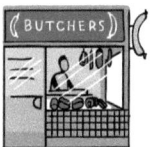

BUTCHERS

masna

kasap

BAKERY

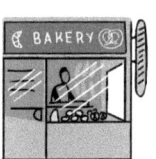

pekařství

fırın

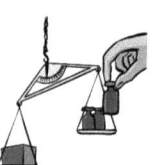

vážit

tartmak

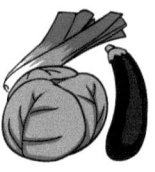

zelenina

sebze

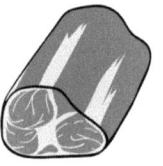

maso

et

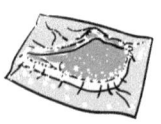

mražené potraviny

donmuş gıda

obložený talíř

söğüş et

konzervy

konserve yiyecek

prací prášek

toz deterjan

cukrovinky

şekerlemeler

výrobky pro domácnost

ev temizlik ürünleri

čisticí prostředek

temizlik ürünleri

prodavačka

satış görevlisi

pokladna

yazar kasa

pokladní

kasiyer

nákupní seznam

alışveriş listesi

otevírací doba

açılış saatleri

peněženka

cüzdan

kreditní karta

kredi kartı

taška

çanta

igelitová taška

plastik poşet

voda

su

džus

meyve suyu

mléko

süt

kola

kola

víno

şarap

pivo

bira

alkohol

alkol

kakao

kakao

čaj

çay

káva

kahve

espresso

espresso

kapučíno

kapuçino

banán

muz

jablko

elma

pomeranč

portakal

meloun

kavun

citrón

limon

mrkev

havuç

česnek

sarımsak

bambus

bambu

cibule

soğan

houba

mantar

ořechy

çerez

těstoviny

makarna

špageti

spagetti

rýže

pirinç

salát

salata

hranolky

cips

americké brambory

patates kızartması

pizza

pizza

hamburger

hamburger

sendvič

sandviç

řízek

şinitzel

šunka

pastırma

salám

salam

salám

sosis

kuře

tavuk

pečeně

rosto

ryby

balık

ovesné vločky

yulaf ezmesi

müsli

müsli

vločky

mısır gevreği

mouka

un

croissant

kruvasan

houska

küçük ekmek

chléb

ekmek

toast

tost

sušenky

bisküvi

máslo

tereyağı

tvaroh

kaymak

buchta

kek

vejce

yumurta

volské oko

sahanda yumurta

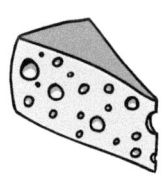

sýr

peynir

zmrzlina

dondurma

cukr

şeker

med

bal

marmeláda

reçel

nugátový krém

fındık ezmesi

kari

köri

usedlost
çiftlik

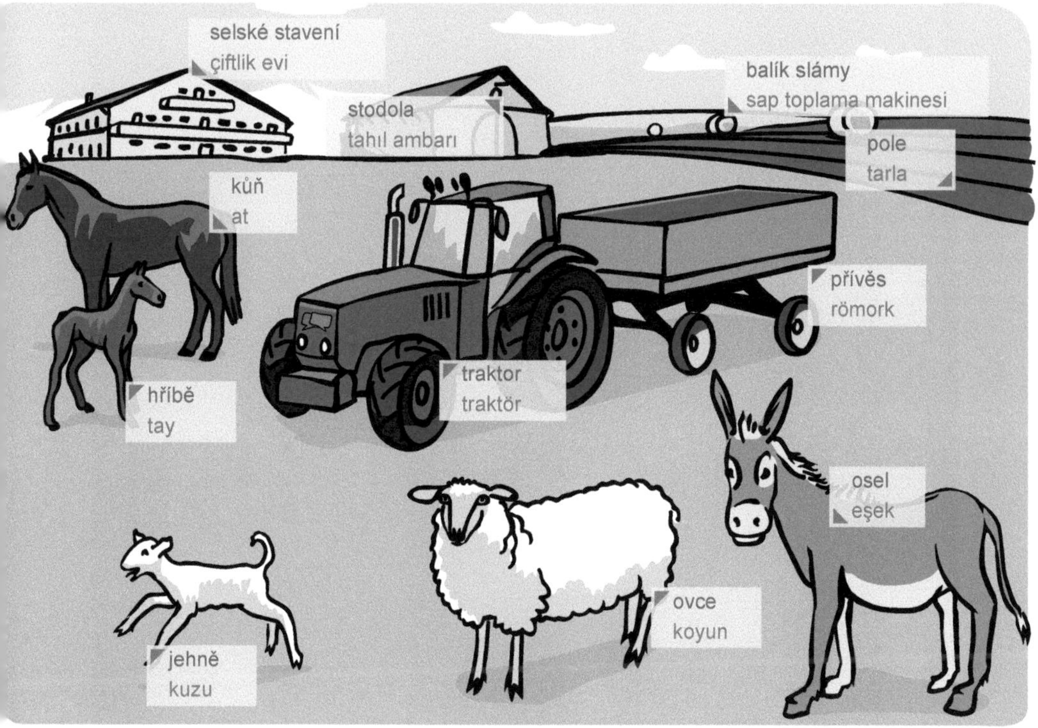
selské stavení
çiftlik evi
stodola
tahıl ambarı
balík slámy
sap toplama makinesi
pole
tarla
kůň
at
přívěs
römork
traktor
traktör
hříbě
tay
osel
eşek
ovce
koyun
jehně
kuzu

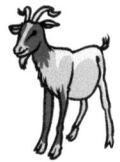

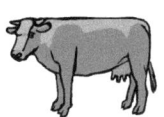

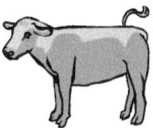

koza
keçi

kráva
inek

tele
buzağı

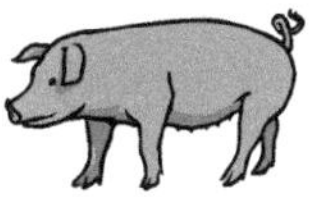
prase
domuz

sele
domuz yavrusu

býk
boğa

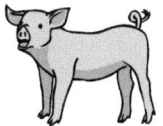

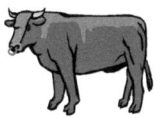

husa
kaz

kachna
ördek

kuře
civciv

slepice
tavuk

kohout
horoz

krysa
sıçan

kočka
kedi

myš
fare

vůl
öküz

pes
köpek

psí bouda
köpek kulübesi

zahradní hadice
bahçe hortumu

kropicí konev
sulama kabı

kosa
tırpan

pluh
pulluk

srp
orak

motyka
çapa

vidle
dirgen

sekera
balta

kolecko
el arabası

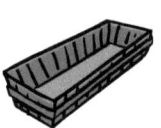

koryto
yemlik

konev na mléko
süt kovası

pytel
çuval

plot
çit

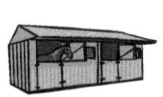

stáj
ahır

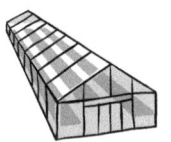

skleník
sera

půda
toprak

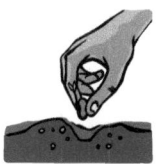

osivo
tohum

hnojivo
gübre

kombajn
biçerdöver

sklidit

hasat etmek

sklizeň

harman

smldinec

tatlı patates

pšenice

buğday

sója

soya

brambora

patates

kukuřice

mısır

řepka

kolza

ovocný strom

meyve ağacı

maniok

manyok

obilí

hububat

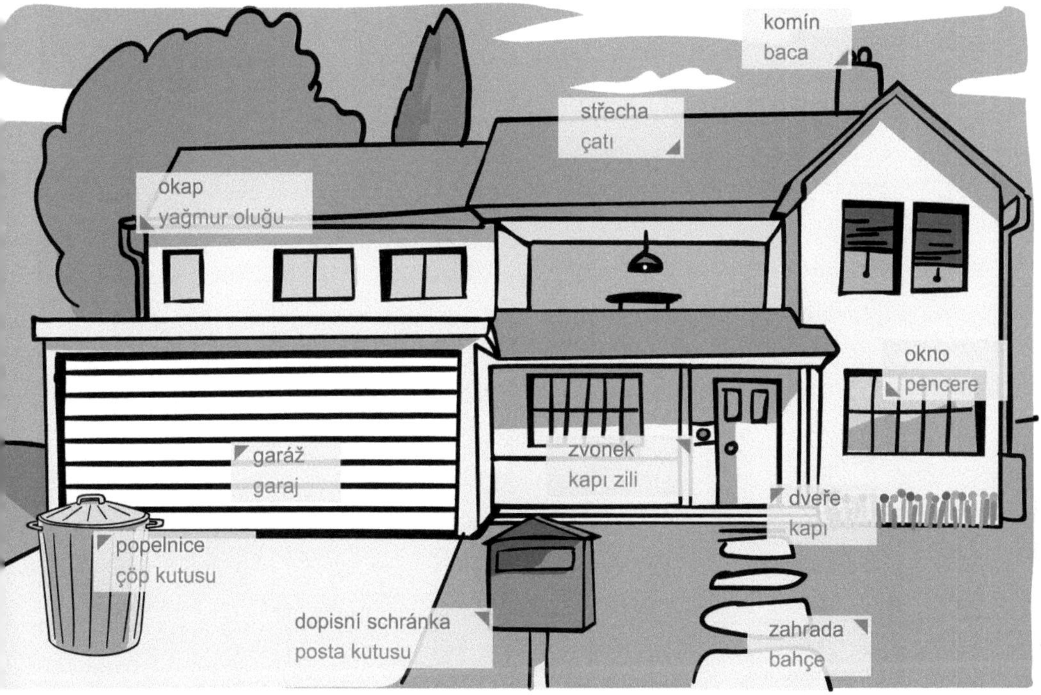

komín
baca

střecha
çatı

okap
yağmur oluğu

okno
pencere

garáž
garaj

zvonek
kapı zili

dveře
kapı

popelnice
çöp kutusu

dopisní schránka
posta kutusu

zahrada
bahçe

obývací pokoj

oturma odası

koupelna

banyo

kuchyně

mutfak

ložnice

yatak odası

dětský pokoj

çocuk odası

jídelna

yemek odası

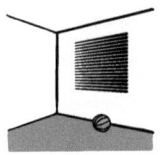

podlaha

zemin

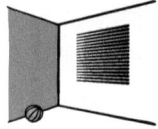

zeď

duvar

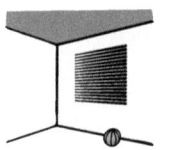

deka

tavan

sklep

kiler

sauna

sauna

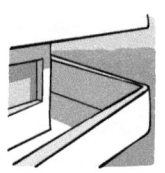

balkón

balkon

terasa

teras

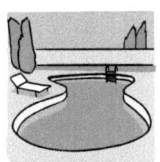

bazén

havuz

sekačka na trávu

çim biçme makinesi

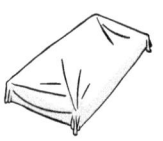

ložní prádlo

çarşaf

lůžková přikrývka

yatak örtüsü

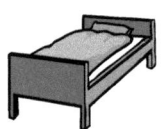

postel

yatak

smeták

süpürge

kýbl

kova

vypínač

anahtar

obývací pokoj
oturma odası

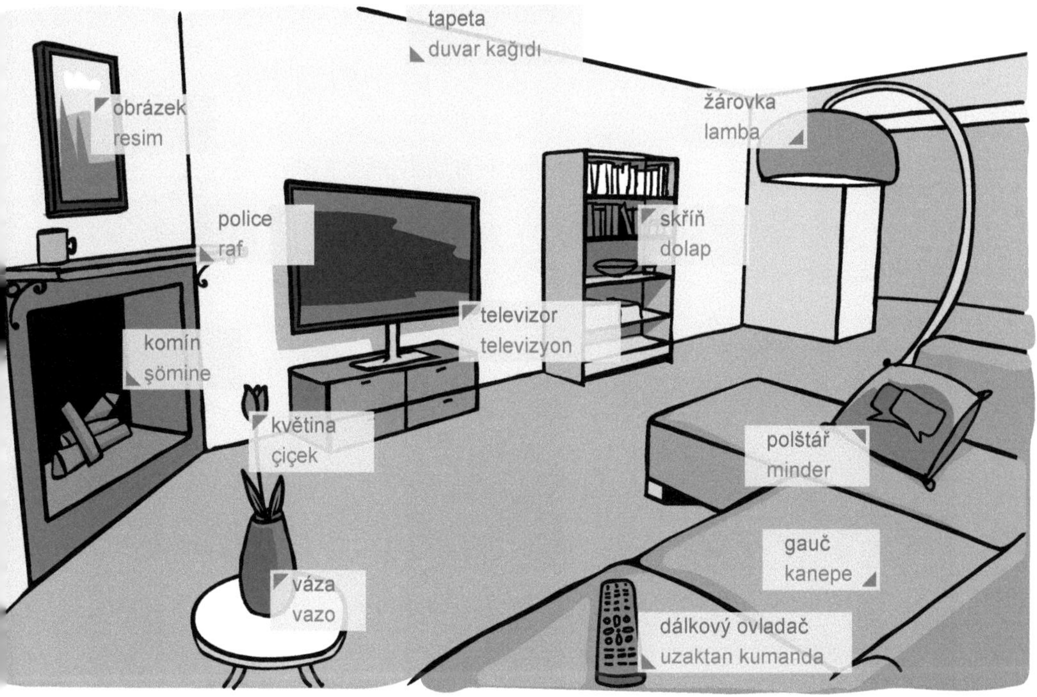

tapeta
duvar kağıdı
obrázek
resim
žárovka
lamba
police
raf
skříň
dolap
televizor
televizyon
komín
şömine
květina
çiçek
polštář
minder
gauč
kanepe
váza
vazo
dálkový ovladač
uzaktan kumanda

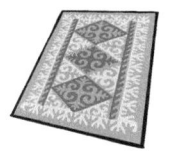

koberec

halı

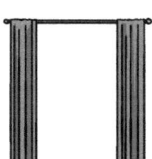

závěs

perde

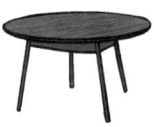

stůl

masa

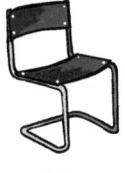

židle

sandalye

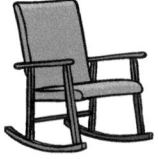

houpací křeslo

salıncaklı koltuk

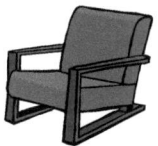

křeslo

koltuk

kniha

kitap

strop

battaniye

ozdoba

dekor

palivové dříví

odun

film

film

stereo souprava

hi-fi

klíč

anahtar

noviny

gazete

malba

tablo

plakát

poster

rádio

radyo

poznámkový blok

defter

vysavač

elektrikli süpürge

kaktus

kaktüs

svíce

mum

kuchyně
mutfak

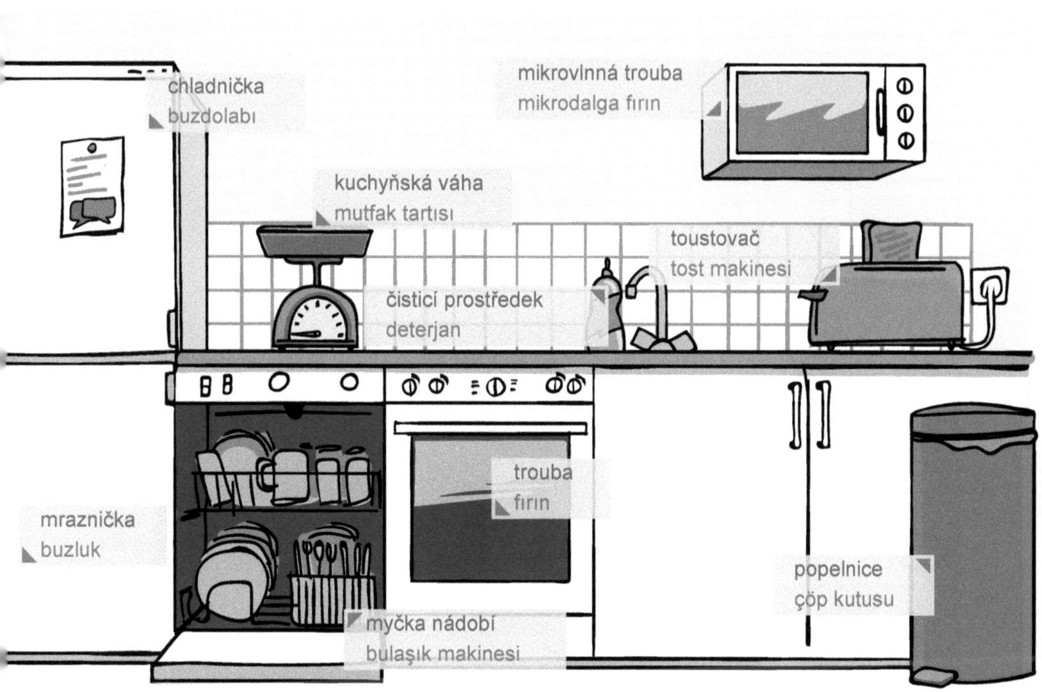

chladnička
buzdolabı
mikrovlnná trouba
mikrodalga fırın
kuchyňská váha
mutfak tartısı
toustovač
tost makinesi
čisticí prostředek
deterjan
trouba
fırın
mraznička
buzluk
popelnice
çöp kutusu
myčka nádobí
bulaşık makinesi

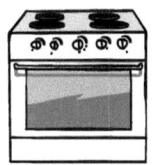

sporák

ocak

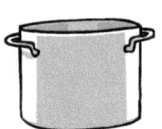

hrnec

tencere

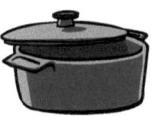

litinový hrnec

döküm tencere

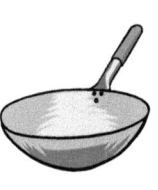

wok / kadai

wok

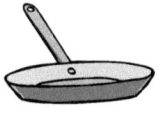

pánev

tava

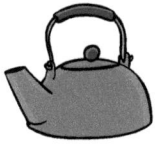

varná konvice

su ısıtıcı

parní hrnec

buharlı pişirici

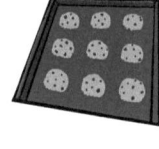

plech na pečení

pişirme tepsisi

nádobí

tabak takımı

hrnek

kupa

miska

kase

jídelní hůlky

çubuk (çin yemeği)

naběračka

kepçe

obracečka

spatula

metla

çırpma teli

síto

süzgeç

cedník

elek

struhadlo

rende

hmoždíř

havan

gril

barbekü

ohniště

açık ateş

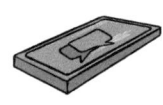

prkénko na krájení

kesme tahtası

váleček na těsto

merdane

vývrtka

tirbüşon

dóza

konserve kutusu

otvírák na konzervy

konserve açacağı

chňapka

fırın eldiveni

umyvadlo

evye

kartáč na nádobí

fırça

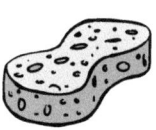

houba

sünger

mixér

blender

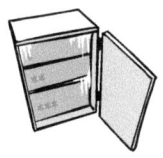

mrazák

derin dondurucu

dětská lahev

biberon

kohoutek

musluk

koupelna
banyo

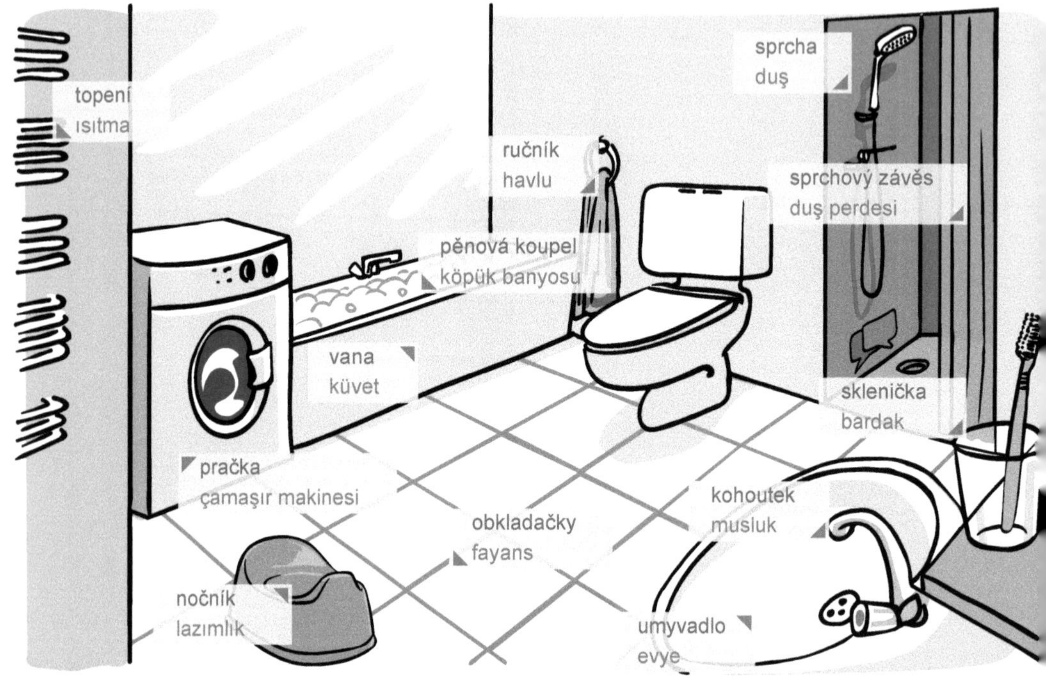

topení
ısıtma
sprcha
duş
ručník
havlu
sprchový závěs
duş perdesi
pěnová koupel
köpük banyosu
vana
küvet
sklenička
bardak
pračka
çamaşır makinesi
kohoutek
musluk
obkladačky
fayans
nočník
lazımlık
umyvadlo
evye

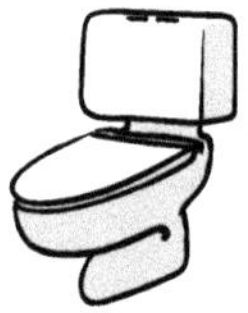

záchod

tuvalet

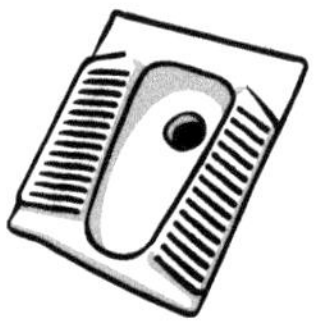

turecký záchod

alaturka tuvalet

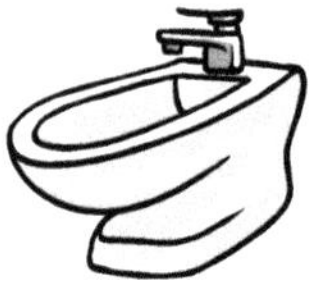

bidet

bide

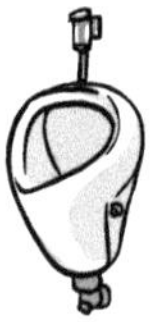

pisoár

pisuvar

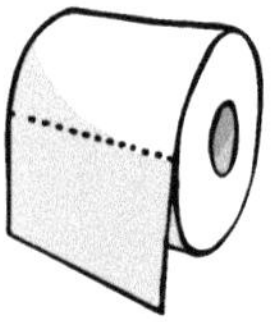

toaletní papír

tuvalet kağıdı

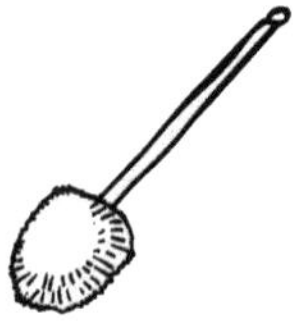

záchodová štětka

tuvalet fırçası

zubní kartáček

diş fırçası

zubní pasta

diş macunu

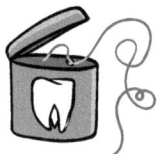

zubní niť

diş ipi

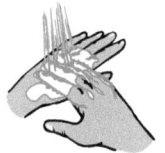

mýt

yıkamak

ruční sprcha

duş başlığı

intimní sprcha

duş başlığı şeklinde taharet musluğu

umyvadlo

küvet

kartáč na záda

banyo fırçası

mýdlo

sabun

sprchový gel

duş jeli

šampón

şampuan

žínka

banyo lifi

odpad

gider

krém

krem

deodorant

deodorant

zrcadlo

ayna

kosmetické zrcátko

el aynası

holicí strojek

jilet

pěna na holení

tıraş köpüğü

voda po holení

tıraş losyonu

hřeben

tarak

kartáč

fırça

fén

saç kurutma makinesi

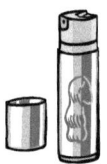

lak na vlasy

saç spreyi

makeup

makyaj

rtěnka

ruj

lak na nehty

tırnak cilası

vata

pamuk

nůžky na nehty

tırnak makası

parfém

parfüm

taška s toaletními potřebami

....

makyaj çantası

stolička

....

tabure

váha

....

tartı

župan

....

bornoz

gumové rukavice

....

lastik eldiven

tampón

....

tampon

dámská vložka

....

kadın pedi

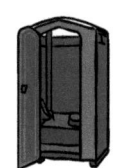

chemická toaleta

....

kimyevi tuvalet

dětský pokoj
çocuk odası

budík
çalar saat
plyšová hračka
peluş oyuncak
autíčko
oyuncak araba
chrastítko
çıngırak
domeček pro panenky
bebek evi
dárek
hediye

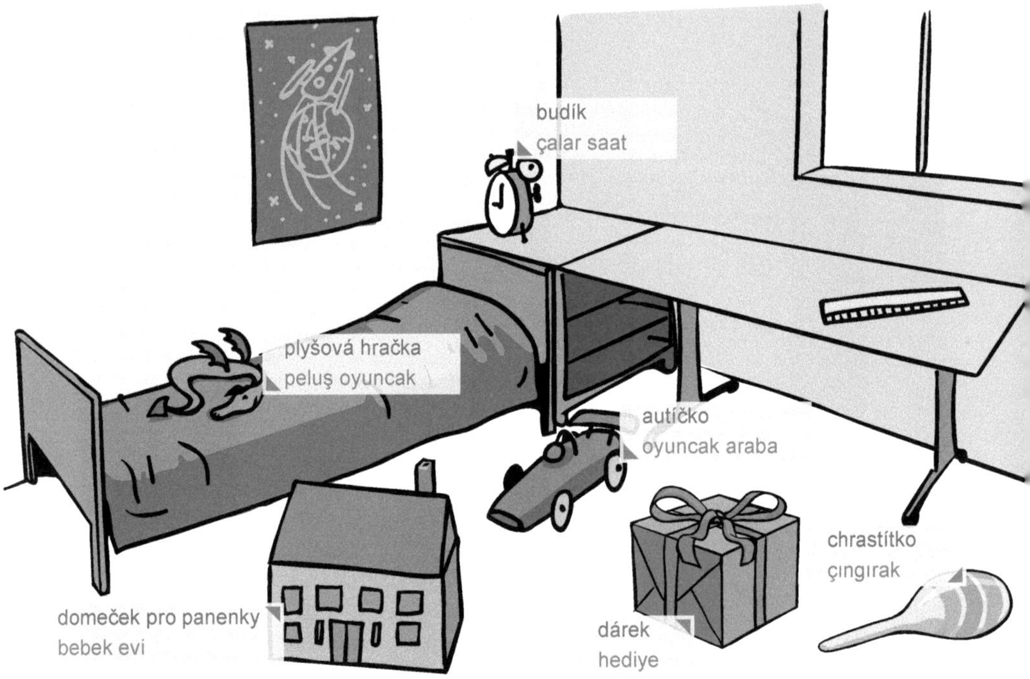

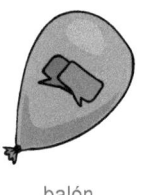

balón

balon

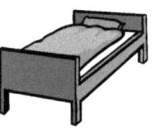

postel

yatak

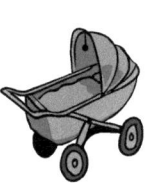

kočárek

bebek arabası

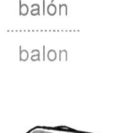

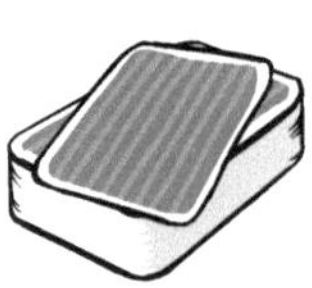

balíček karet

kart destesi

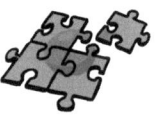

puzzle

yapboz

komiks

çizgi roman

lego kostky

lego tuğlaları

stavebnice

lego blokları

akční figurka

aksiyon figürü

dupačky

zıbın

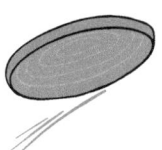

frisbee

frizbi

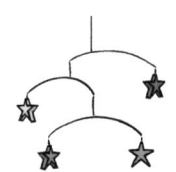

závěsné hračky nad postýlku

dönence

desková hra

masa oyunu

kostky

zar

modelová železnice

model tren seti

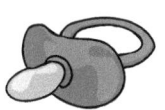

dudlík

emzik

oslava

parti

obrázková kniha

resimli kitap

míč

top

panenka

oyuncak bebek

hrát si

oynamak

pískoviště

kum havuzu

houpačka

salıncak

hračky

oyuncaklar

hrací konzole

video oyun konsolu

tříkolka

üç tekerlekli bisiklet

medvídek

oyuncak ayı

šatník

gardırop

oblečení
kıyafet

ponožky

çorap

punčochy

külotlu çorap

punčochové kalhoty

tayt

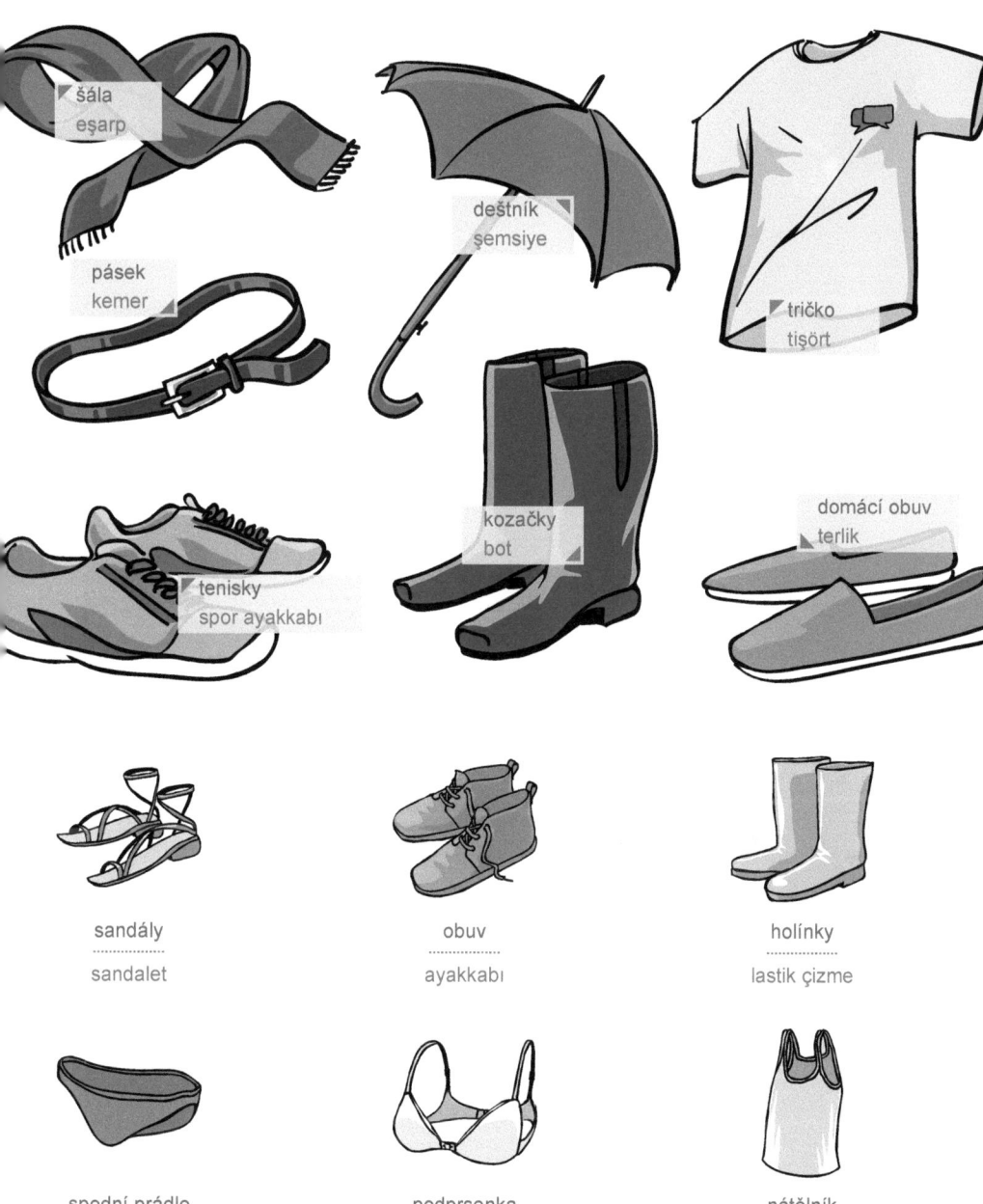

šála
ešarp

deštník
şemsiye

tričko
tişört

pásek
kemer

kozačky
bot

domácí obuv
terlik

tenisky
spor ayakkabı

sandály

obuv

holínky

sandalet

ayakkabı

lastik çizme

spodní prádlo

podprsenka

nátělník

külot

sütyen

yelek

oblečení - kıyafet

body

dar bluz

kalhoty

pantolon

džíny

kot pantolon

sukně

etek

blůza

bluz

košile

gömlek

svetr

kazak

mikina

süveter

blejzr

blazer

bunda

ceket

kabát

mont

pláštěnka

yağmurluk

kostým

kostüm

šaty

elbise

svatební šaty

gelinlik

oblek

takım elbise

noční košile

gecelik

pyžamo

pijama

sárí

sari

šátek na hlavu

baş örtüsü

turban

türban

burka

burka

kaftan

kaftan

abája

çarşaf

plavky

mayo

pánské plavky

erkek mayosu

kraťasy

şort

teplákova souprava

eşofman

zástěra

önlük

rukavice

eldiven

knoflík

düğme

brýle

gözlük

náramek

bilezik

náhrdelník

kolye

prsten

yüzük

náušnice

küpe

čepice

kep

ramínko

portmanto

klobouk

šapka

kravata

kravat

zip

fermuar

helma

kask

kšandy

pantolon askısı

školní uniforma

okul forması

uniforma

üniforma

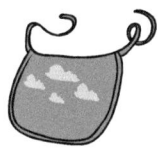

bryndák

mama önlüğü

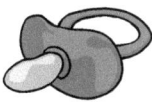

dudlík

emzik

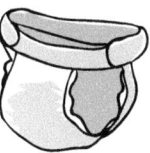

plena

bebek bezi

kancelář

ofis

server
sunucu
kartotéka
dosya dolabı
tiskárna
yazıcı
papír
kağıt
monitor
monitör
myš
fare
psací stůl
masa
šanon
klasör
klávesnice
klavye
odpadkový koš na papír
kağıt çöp kutusu
počítač
bilgisayar
židle
sandalye

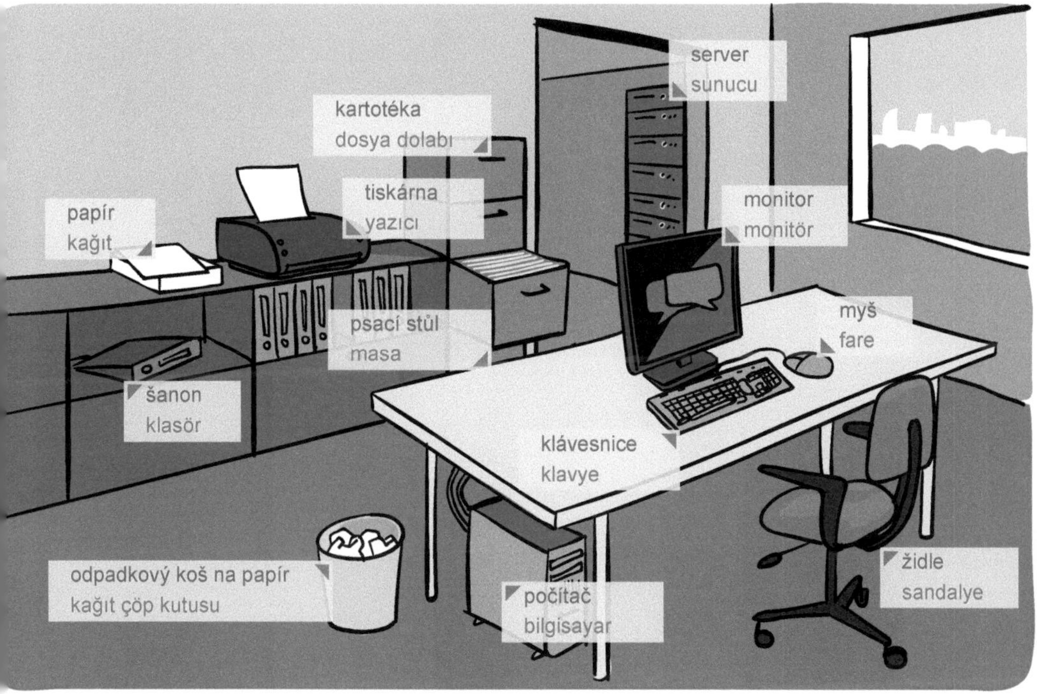

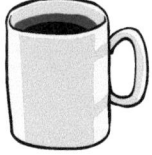

hrnek na kávu

kahve fincanı

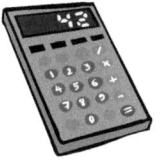

kalkulačka

hesap makinesi

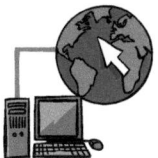

internet

internet

notebook
dizüstü

dopis
mektup

zpráva
mesaj

mobil
cep telefonu

síť
ağ

kopírka
fotokopi makinesi

software
yazılım

telefon
telefon

zásuvka
priz

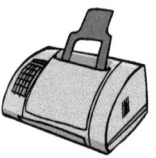

fax
faks makinesi

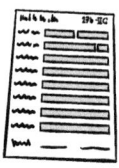

formulář
form

dokument
belge

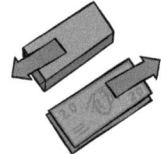

nakupovat

satın almak

zaplatit

ödemek

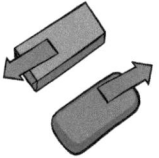

jednat

ticaret yapmak

peníze

para

dolar

dolar

euro

avro

jen

yen

rubl

ruble

frank

İsviçre frangı

juan

Çin yuanı

rupie

rupi

bankomat

kasa

směnárna

döviz bürosu

zlato

altın

stříbro

gümüş

olej

petrol

energie

enerji

cena

fiyat

smlouva

kontrat

daň

vergi

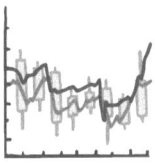

akcie

menkul değer

pracovat

çalışmak

zaměstnanec

işveren

zaměstnavatel

işçi

továrna

fabrika

obchod

mağaza

povolání
meslekler

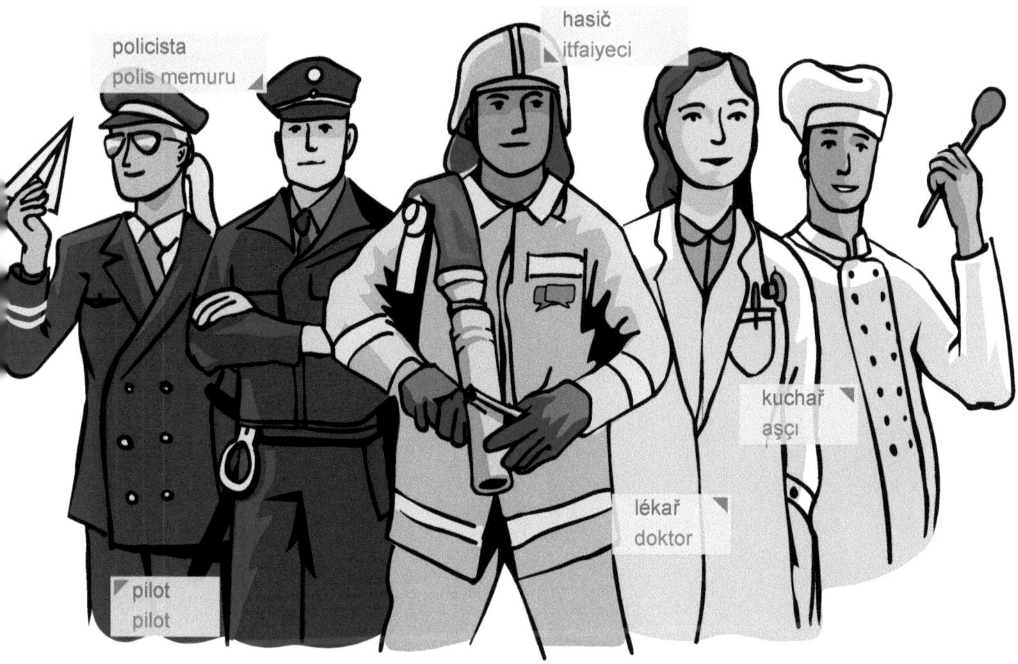

policista
polis memuru
hasič
itfaiyeci
kuchař
aşçı
lékař
doktor
pilot
pilot

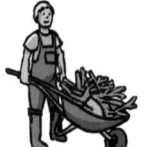

zahradník

bahçıvan

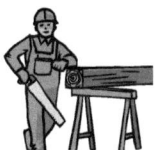

truhlář

marangoz

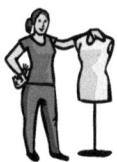

švadlena

terzi

soudce

hakim

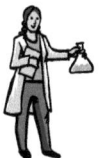

chemik

kimyager

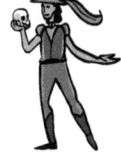

herec

aktör

řidič autobusu

otobüs şoförü

řidič taxi

taksi şoförü

rybář

balıkçı

uklízečka

temizlikçi

pokrývač

çatı ustası

číšník

garson

myslivec

avcı

malíř

boyacı

pekař

fırıncı

elektrikář

elektrikçi

stavební dělník

inşaatçı

inženýr

mühendis

řezník

kasap

klempíř

muslukçu

listonoš

postacı

voják

asker

architekt

mimar

pokladní

kasiyer

florista

çiçekçi

kadeřník

kuaför

průvodčí

kondüktör

mechanik

tamirci

kapitán

kaptan

zubař

dişçi

vědec

bilim insanı

rabín

haham

imám

imam

mnich

keşiş

duchovní

rahip

nářadí
aletler

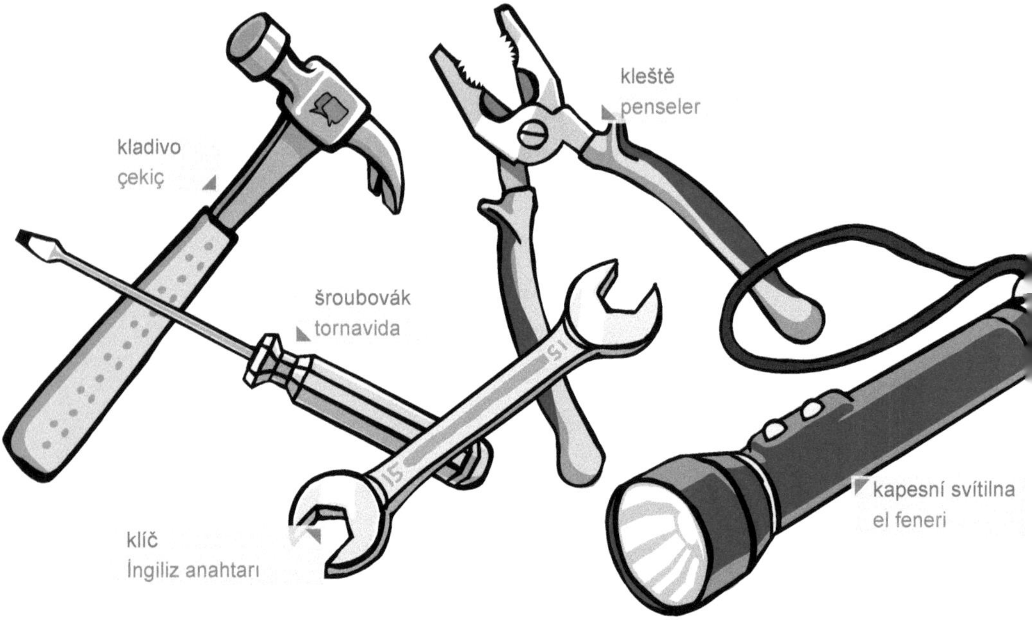
kladivo
çekiç
kleště
penseler
šroubovák
tornavida
kapesní svítilna
el feneri
klíč
İngiliz anahtarı

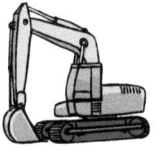

bagr

kazı makinesi

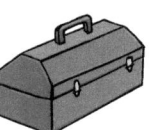

skříň na nářadí

alet çantası

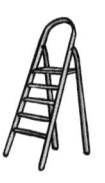

žebřík

merdiven

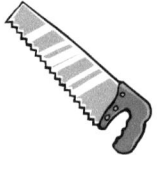

pila

testere

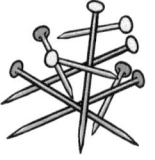

hřebíky

çiviler

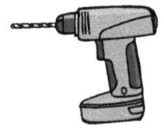

vrtačka

matkap

opravit
....
tamir etmek

lopata
....
kürek

Kurva!
....
Kahretsin!

lopatka
....
faraş

vědroé na barvu
....
boya tenekesi

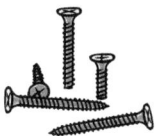

šrouby
....
vidalar

hudební nástroje
müzik enstrümanı

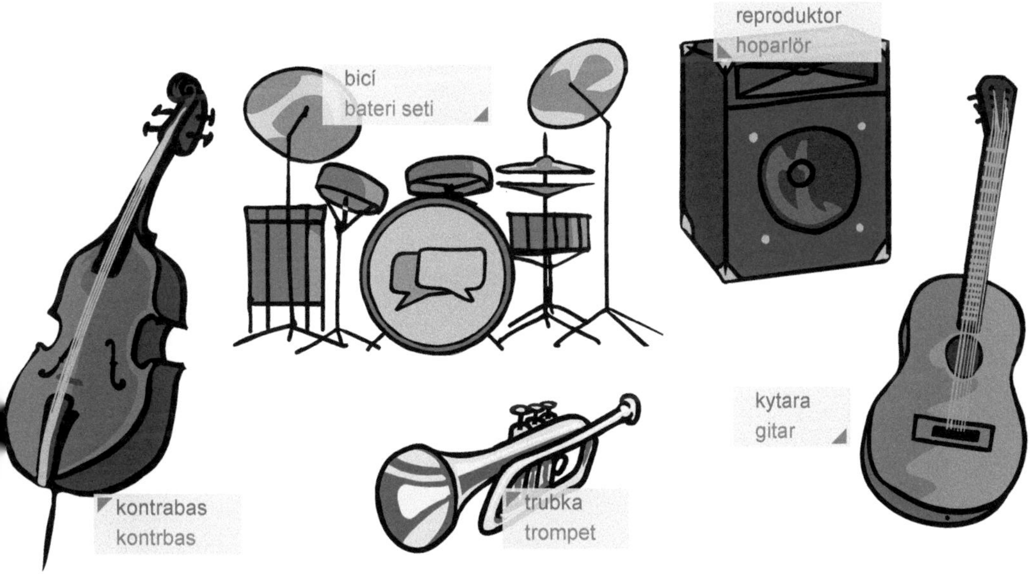

reproduktor
hoparlör

bicí
bateri seti

kontrabas
kontrbas

trubka
trompet

kytara
gitar

klavír

piyano

housle

keman

basa

basgitar

tympán

timpani

bubny

bateri

keyboard

klavye

saxofon

saksafon

flétna

flüt

mikrofon

mikrofon

ZOO
hayvanat bahçesi

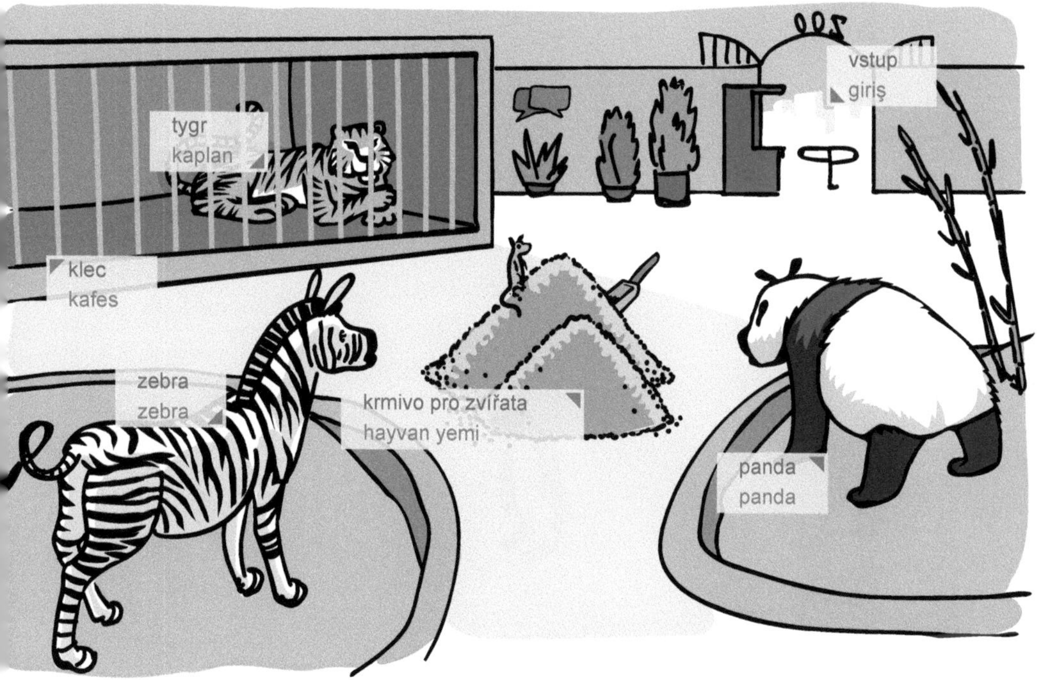
vstup
giriş
tygr
kaplan
klec
kafes
zebra
zebra
krmivo pro zvířata
hayvan yemi
panda
panda

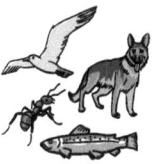

zvířata

hayvanlar

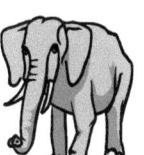

slon

fil

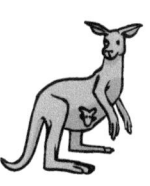

klokan

kanguru

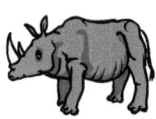

nosorožec

gergedan

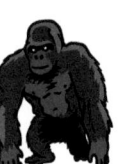

gorila

goril

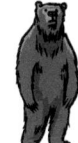

medvěd

ayı

velbloud

deve

pštros

deve kuşu

lev

aslan

opice

maymun

plameňák

flamingo

papoušek

papağan

lední medvěd

kutup ayısı

tučňák

penguen

žralok

köpek balığı

páv

tavus kuşu

had

yılan

krokodýl

timsah

ošetřovatel zvířat

hayvanat bahçesi görevlisi

tuleň

fok

jaguár

jaguar

poník
midilli atı

leopard
leopar

hroch
su aygırı

žirafa
zürafa

orel
kartal

divoké prase
yaban domuzu

ryby
balık

želva
kaplumbağa

mrož
mors

liška
tilki

gazela
ceylan

americký fotbal
amerikan futbolu

cyklistika
bisiklete binme

tenis
tenis

košíková
basketbol

plavání
yüzme

box
boks

lední hokej
buz hokeyi

kopaná
futbol

badminton
badminton

lehká atletika
atletizm

házená
hentbol

běh na lyžích
kayak

vodní pólo
polo

aktivity
etkinlikler

smát se
gülmek
skočit
atlamak
objímat
sarılmak
jít
yürümek
zpívat
söylemek
snít
hayal etmek
modlit se
dua etmek
polibit
öpmek

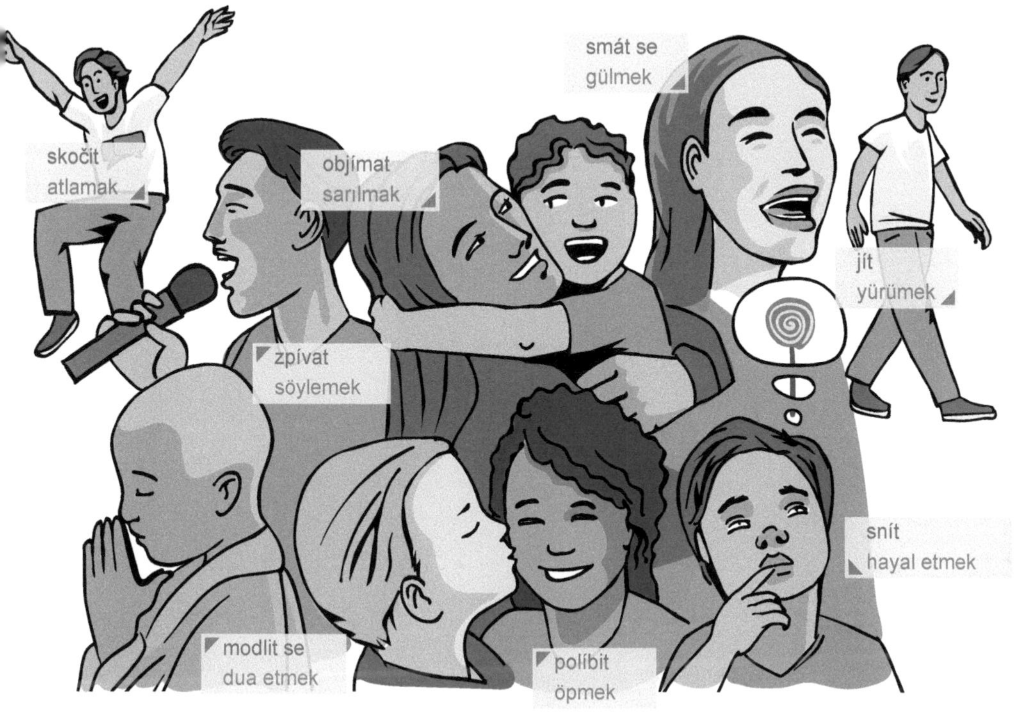

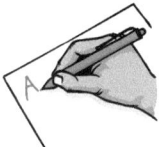

psát
yazmak

kreslit
çizmek

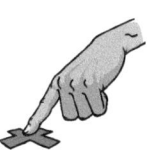

ukazovat
göstermek

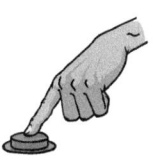

tlačit
itmek

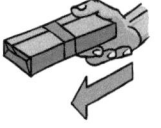

dát
vermek

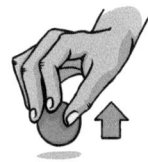

vzít si
almak

mít

sahip olmak

dělat

yapmak

být

olmak

stát

ayakta durmak

běhat

koşmak

táhnout

çekmek

hodit

atmak

padat

düşmek

ležet

yalan söylemek

čekat

beklemek

nosit

taşımak

sedět

oturmak

oblékat

giyinmek

spát

uyumak

vzbudit se

uyanmak

aktivity - etkinlikler

prohlédnout si

bakmak

plakat

ağlamak

pohladit

vurmak

česat

taramak

hovořit

konuşmak

rozumět

anlamak

ptát se

sormak

slyšet

dinlemek

pít

içmek

jíst

yemek

uklidit

düzenlemek

milovat

sevmek

vařit

pişirmek

jet

sürmek

letět

uçmak

plachtit

denize açılmak

počítat

hesapla

číst

okumak

učit se

öğrenmek

pracovat

çalışmak

vzít si

evlenmek

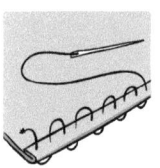

šít

dikmek

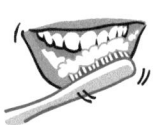

čistit si zuby

diş fırçalamak

zabít

öldürmek

kouřit

sigara içmek

poslat

yollamak

babička
büyükanne

dědeček
büyükbaba

otec
baba

matka
anne

dítě
bebek

dcera
kız

syn
oğul

host

misafir

teta

teyze

strýc

amca

bratr

erkek kardeş

sestra

kız kardeş

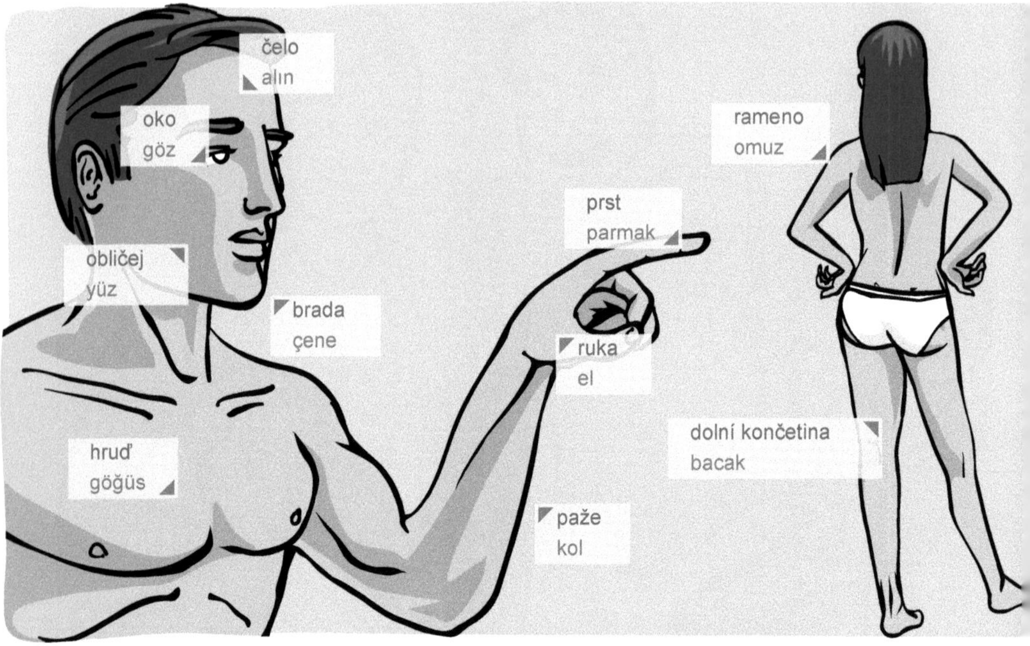

čelo
alın

oko
göz

rameno
omuz

prst
parmak

obličej
yüz

brada
çene

ruka
el

hruď
göğüs

dolní končetina
bacak

paže
kol

	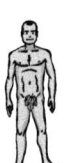	
dítě	muž	žena
bebek	adam	kadın

dívka	chlapec	hlava
kız	erkek çocuk	baş

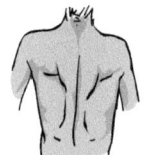

záda
sırt

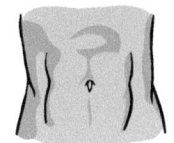

břicho
karın

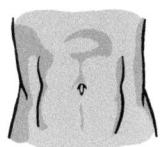

pupík
göbek

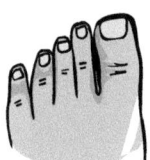

prst na noze
ayak parmağı

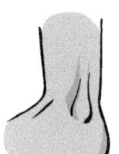

pata
topuk

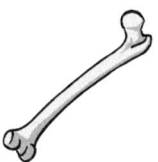

kost
kemik

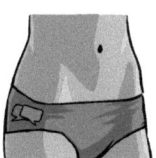

bok
kalça

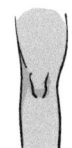

koleno
diz

loket
dirsek

nos
burun

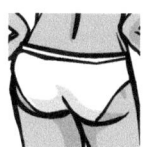

zadek
kalça

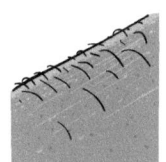

kůže
deri

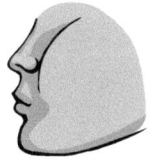

tvář
yanak

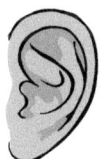

ucho
kulak

ret
dudak

ústa

ağız

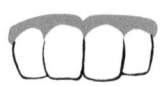

zub

diş

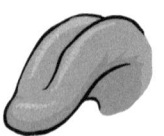

jazyk

dil

mozek

beyin

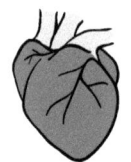

srdce

kalp

sval

kas

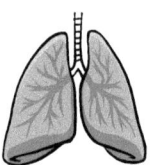

plíce

akciğer

játra

karaciğer

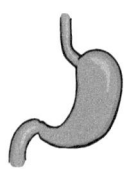

žaludek

mide

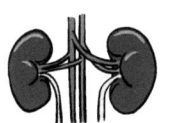

ledviny

böbrekler

pohlavní styk

seks

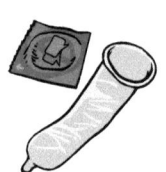

kondom

prezervatif

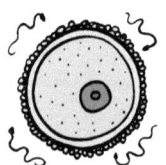

vajíčko

yumurtalık

sperma

sperm

těhotenství

hamilelik

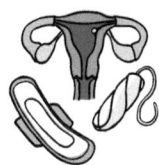

menstruace
....
regl

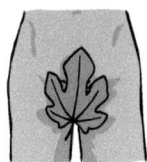

vagina
....
vajina

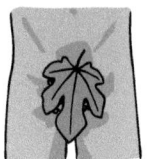

penis
....
penis

obočí
....
kaş

vlasy
....
saç

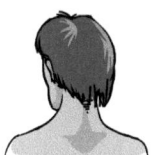

krk
....
boyun

nemocnice

hastane

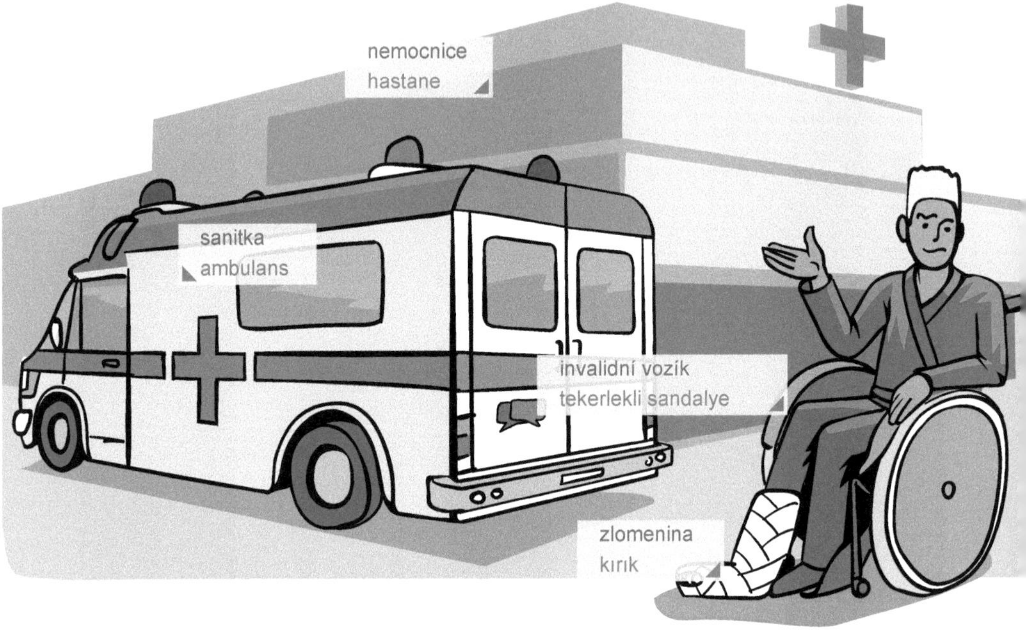

nemocnice
hastane

sanitka
ambulans

invalidní vozík
tekerlekli sandalye

zlomenina
kırık

lékař
doktor

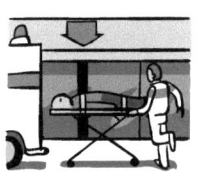

pohotovost
acil servis

zdravotní sestra
hemşire

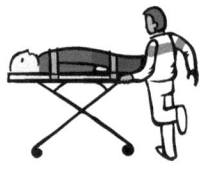

urgentní případ
acil

v bezvědomí
baygın

bolest
acı

úraz

yaralanma

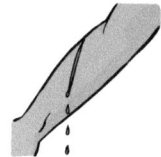

krvácení

kanama

infarkt myokardu

kalp krizi

cévní mozková příhoda

felç

alergie

alerji

kašel

öksürük

horečka

ateş

chřipka

grip

průjem

ishal

bolest hlavy

baş ağrısı

rakovina

kanser

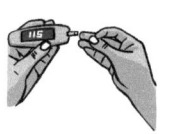

cukrovka

şeker hastalığı

chirurg

cerrah

skalpel

neşter

operace

operasyon

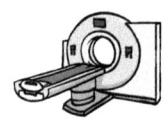

CT

bilgisayarlı tomografi

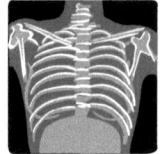

rentgen

röntgen

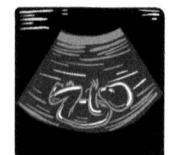

ultrazvuk

ultrason

maska

yüz maskesi

nemoc

hastalık

čekárna

bekleme odası

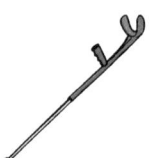

berle

koltuk değneği

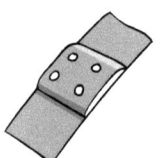

náplast

yara bandı

obvaz

bandaj

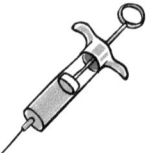

injekce

enjeksiyon

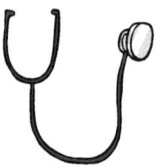

stetoskop

steteskop

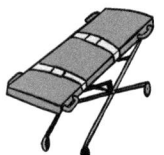

nosítka

sedye

teploměr

tıbbi termometre

porod

doğum

nadváha

fazla kilo

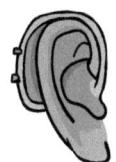

naslouchátko
işitme cihazı

dezinfekční prostředek
dezenfektan

infekce
enfeksiyon

virus
virüs

HIV / AIDS
HIV / AIDS

lékařství
ilaç

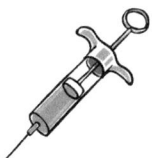

očkování
aşı

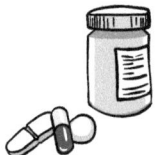

tablety
tablet

pilulka
hap

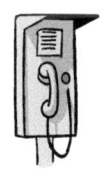

tísňové volání
acil çağrı

tonometr
tansiyon aleti

nemocný / zdravý
hasta / sağlıklı

Pomoc!

İmdat!

poplach

alarm

přepadení

darp

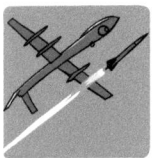

napadení

saldırı

nebezpečí

tehlike

nouzový východ

acil çıkış

Hoří!

Yangın!

hasicí přístroj

yangın tüpü

nehoda

kaza

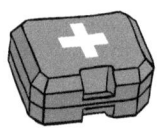

zdravotnická brašna

ilk yardım çantası

SOS

imdat

policie

polis

Evropa

Avrupa

Severní Amerika

Kuzey Amerika

Jižní Amerika

Güney amerika

Afrika

Afrika

Asie

Asya

Austrálie

Avustralya

Atlantik

Atlantik

Pacifik

Pasifik

Indický oceán

Hint Okyanusu

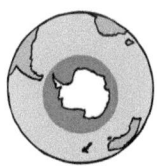

Jižní ledový oceán

Antarktika Okyanusu

Severní ledový oceán

Arktik Okyanusu

severní pól

Kuzey Kutbu

jižní pól

Güney Kutbu

Antarktida

Antarktika

země

dünya

pevnina

kara

moře

deniz

ostrov

ada

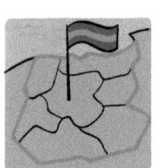

národ

ulus

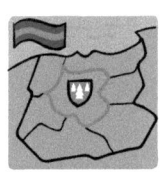

stát

ülke

ciferník
kadran

hodinová ručička
akrep

minutová ručička
yelkovan

vteřinová ručička
saniye ibresi

Kolik je hodin?
Saat kaç?

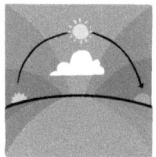

den
gün

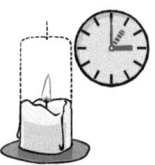

čas
zaman

teď
şimdi

digitální hodinky
dijital saat

minuta
dakika

hodina
saat

týden
hafta

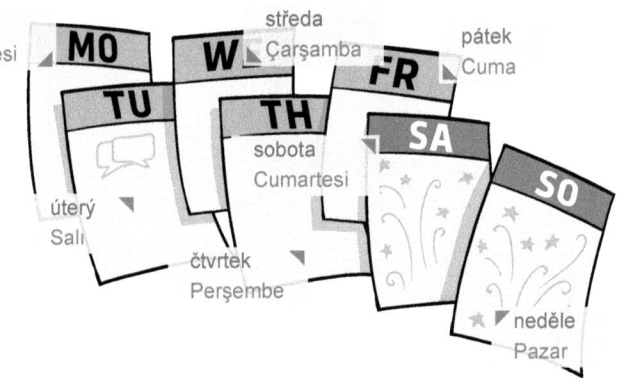

pondělí
Pazartesi — MO

středa
Çarşamba — W

pátek
Cuma — FR

TU

TH

sobota
Cumartesi — SA

SO

úterý
Salı

čtvrtek
Perşembe

neděle
Pazar

včera
....
dün

dnes
....
bugün

zítra
....
yarın

ráno
....
sabah

poledne
....
öğle

večer
....
akşam

MO	TU	WE	TH	FR	SA	SU
1	2	3	4	5	6	7
8	9	10	11	12	13	14
15	16	17	18	19	20	21
22	23	24	25	26	27	28
29	30	31	1	2	3	4

pracovní dny
....
iş günleri

MO	TU	WE	TH	FR	SA	SU
1	2	3	4	5	6	7
8	9	10	11	12	13	14
15	16	17	18	19	20	21
22	23	24	25	26	27	28
29	30	31	1	2	3	4

víkend
....
hafta sonu

rok

yıl

déšť
yağmur
duha
gökkuşağı
sníh
kara
vítr
rüzgar
jaro
bahar
podzim
sonbahar
léto
yaz
zima
kış

4.APRIL 11°
5.APRIL 4°
6.APRIL 13°
7.APRIL 8°
8.APRIL 10°

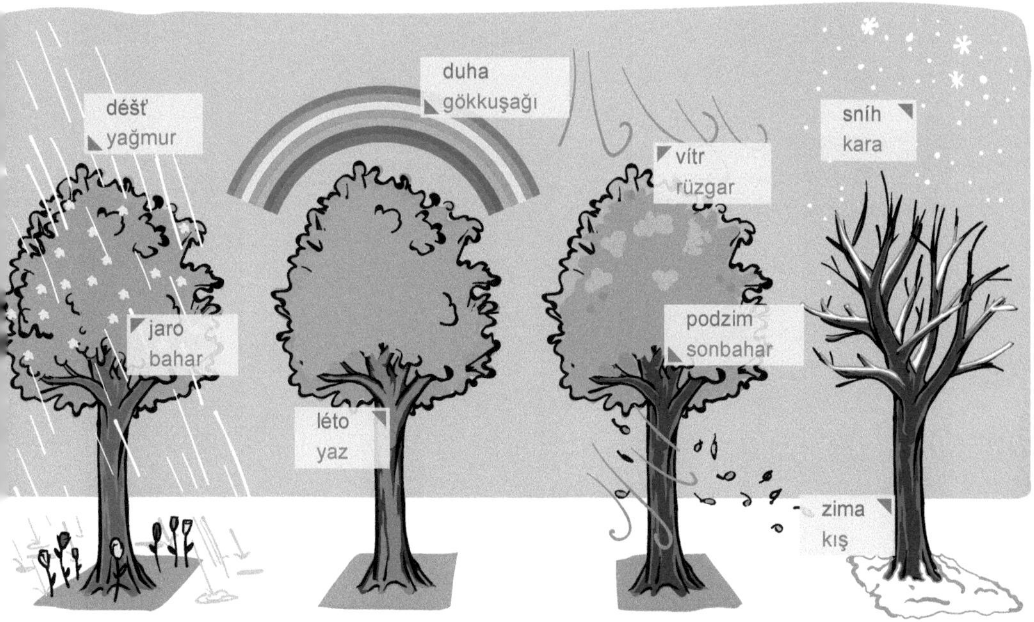

předpověď počasí

hava durumu tahmini

F
C
120
90
60
30
0
-30
40
30
20
10
0
-10
-20

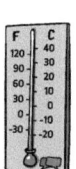

teploměr

termometre

sluneční svit

güneş ışığı

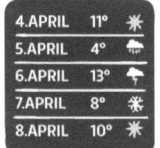

mrak

bulut

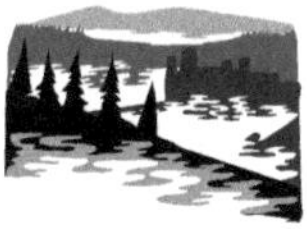

mlha

sis

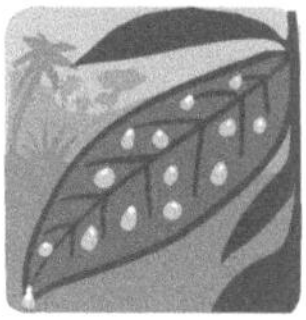

vlhkost

nem

blesk

şimşek

hrom

gök gürültüsü

bouřka

fırtına

kroupy

dolu

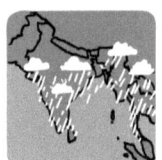

monzun

muson

povodeň

sel

led

buz

leden

Ocak

únor

Şubat

březen

Mart

duben

Nisan

květen

Mayıs

červen

Haziran

červenec

Temmuz

srpen

Ağustos

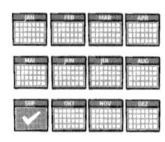

září
....
Eylül

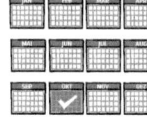

říjen
....
Ekim

listopad
....
Kasım

prosinec
....
Aralık

tvary
şekiller

kruh
....
daire

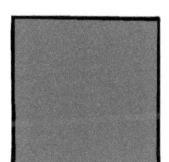

čtverec
....
kare

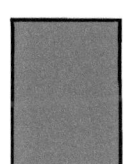

obdélník
....
dikdörtgen

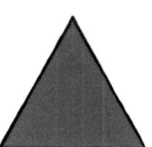

trojúhelník
....
üçgen

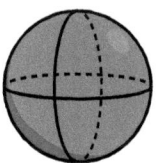

koule
....
küre

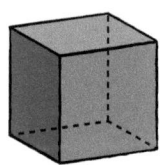

krychle
....
küp

bílá

beyaz

žlutá

sarı

oranžová

turuncu

růžová

pembe

červená

kırmızı

fialová

mor

modrá

mavi

zelená

yeşil

hnědá

kahverengi

šedá

gri

černá

siyah

hodně / málo

čok / az

rozzuřený / mírumilovný

kızgın / sakin

krásný / ošklivý

güzel / çirkin

začátek / konec

başlangıç / son

velký / malý

büyük / küçük

světlý / tmavý

parlak / karanlık

bratr / sestra

erkek kardeş / kız kardeş

čistý / špinavý

temiz / kirli

úplný / neúplný

tamam / eksik

den / noc

gün / gece

mrtvý / živý

ölü / canlı

široký / úzký

geniş / dar

jedlý / nejedlý

yenilebilir / yenilemez

zlý / hodný

kötü / iyi

vzrušený / znuděný

heyecanlı / sıkılmış

tlustý / hubený

şişman / zayıf

nejdříve / naposledy

ilk / son

přítel / nepřítel

dost / düşman

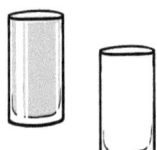

plný / prázdný

dolu / boş

tvrdý / měkký

sert / yumuşak

těžký / lehký

ağır / hafif

hlad / žízeň

açlık / susuzluk

nemocný / zdravý

hasta / sağlıklı

ilegální / legální

yasa dışı / yasal

inteligentní / hloupý

zeki / aptal

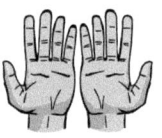

vlevo / vpravo

sol / sağ

blízko / daleko

yakın / uzak

nový / použitý

yeni / kullanılmış

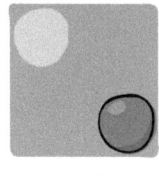

nic / něco

hiçbir şey / bir şey

starý / mladý

yaşlı / genç

zapnutý / vypnutý

açma / kapama

otevřeno / zavřeno

açık / kapalı

tichý / hlasitý

sessiz / gürültülü

bohatý / chudý

zengin / fakir

správný / špatný

doğru / yanlış

drsný / hladký

pürüzlü / düz

smutný / šťastný

üzgün / mutlu

krátký / dlouhý

kısa / uzun

pomalý / rychlý

yavaş / hızlı

vlhký / suchý

ıslak / kuru

teplý / chladný

sıcak / serin

válka / mír

savaş / barış

0

nula

sıfır

1

jedna

bir

2

dva

iki

3

tři

üç

4

čtyři

dört

5

pět

beş

6

šest

altı

7

sedm

yedi

8

osm

sekiz

9

devět

dokuz

10

deset

on

11

jedenáct

on bir

12

dvanáct

on iki

13

třináct

on üç

14

čtrnáct

on dört

15

patnáct

on beş

16

šestnáct

on altı

17

sedmnáct

on yedi

18

osmnáct

on sekiz

19

devatenáct

on dokuz

20

dvacet

yirmi

100

sto

yüz

1.000

tisíc

bin

1.000.000

milion

milyon

angličtina

İngilizce

americká angličtina

Amerikan İngilizcesi

standardní čínština

Çince (Mandarin)

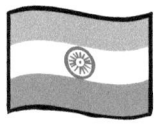

hindština

Hintçe

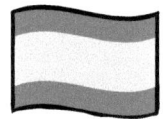

španělština

İspanyolca

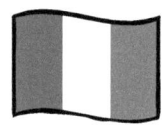

francouzština

Fransızca

arabština

Arapça

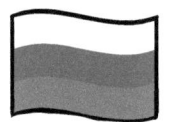

ruština

Rusça

portugalština

Portekizce

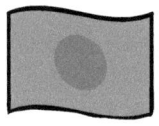

bengálština

Bengalce

němčina

Almanca

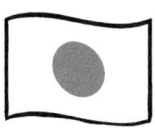

japonština

Japonca

já
ben

ty
sen

on / ona / ono
o

my
biz

vy
siz

oni
onlar

Kdo?
kim?

Co?
ne?

Jak?
nasıl?

Kde?
nerede?

Kdy?
ne zaman?

jméno
isim

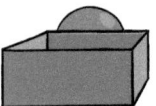

za
....

arkasında

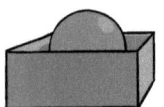

do
....

içinde

z
....

önünde

nad
....

üzerinde

na
....

üstünde

mezi
....

altında

vedle
....

yanında

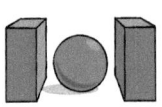

mezi
....

arasında

místo
....

yer